MEDIO DÍA

ExLibric

ALEJANDRO MEDINA GUERRERO

MEDIO DÍA

EXLIBRIC

ANTEQUERA 2026

MEDIO DÍA
© Alejandro Medina Guerrero
Diseño de portada: Dpto. de Diseño Gráfico Exlibric

Iª edición

© ExLibric, 2026.

Editado por: ExLibric
c/ Cueva de Viera, 2, Local 3
Centro Negocios CADI
29200 Antequera (Málaga)
Teléfono: 952 70 60 04
Fax: 952 84 55 03
Correo electrónico: exlibric@exlibric.com
Internet: www.exlibric.com

ISBN: 979-13-88079-55-9
Depósito Legal: MA 40-2026

Impresión: PODiPrint
Impreso en Andalucía – España

Nota de la editorial: ExLibric pertenece a Innovación y Cualificación S. L.

ALEJANDRO MEDINA GUERRERO

MEDIO DÍA

Que mis palabras y sentir
honren y recuerden a cada uno
de los que fueron apagados
para que brillen siempre
en nuestro amanecer.

Prólogo

Ubicado en la zona occidental del estado de Michoacán, uno de los 31 que conforman la Confederación de los Estados Unidos Mexicanos, se encuentra el pueblo de Tancítaro, patria y terruño que comparto con nuestro joven poeta Alejandro, que surge cual rosal nacido entre abrojos, pues no es fácil encontrar poetas escritores por estos lares.

El pueblo donde nació es la cabecera del enorme municipio administrativo de Tancítaro, que abarca alrededor de 131 comunidades que se localizan entre la sierra fría y la denominada tierra caliente, siendo la parte más elevada del eje neovolcánico del estado de Michoacán.

Este municipio —y en especial su cabecera, Tancítaro— fue elegido por los emperadores tarascos, conquistadores y dominadores, como lugar para recoger los tributos impuestos a los pueblos sometidos de la sierra y a los de la tierra caliente y, de ahí, su nombre «tanzit» (tributo) y «aro» (lugar).

Las gentes que lo poblaban eran supuestamente de diferentes etnias como la mixteca, la purépecha, la mazateca y la náhuatl que al mezclarse con los nuevos conquistadores (o invasores, según se mire), los españoles, fueron poco a poco perdiendo sus nombres y apellidos originales, así como sus lenguas.

Su tierra es rica y fértil, de origen volcánico, que a mediados del siglo pasado volvió a ser abonada por las cenizas del volcán Paricutín, a pocos kilómetros, al otro lado del Pico de Tancítaro, la mayor elevación del estado de Michoacán, último volcán surgido de las entrañas de nuestra tierra.

La gente de este pueblo, de la que nació nuestro poeta, lleva en sus genes sangre fría y caliente a la vez por el frío de la altura y el calor de las tierras que dan al mar, muy vecinas entre sí. Es gente muy sensible, hasta sentimental bastantes veces, pero también fuerte y curtida por el frío, inteligente, atenta a los cambios sociales y abierta a la imaginación y las innovaciones. Ha sido siempre trabajadora, principalmente en la agricultura, y siempre ha vivido bajo la amenaza de la invasión o el robo de sus productos. Sus habitantes nunca han sido especialmente ricos, hasta ahora, en estos últimos años, con el descubrimiento del oro verde, las huertas de aguacate que democratizaron la riqueza y atrajeron a gentes de muchos otros estados de México en busca de fortuna. Ha sido tal la producción de aguacate —y de gran calidad— que en los últimos años el municipio ha sido declarado el mayor productor de aguacate de México.

Afirma nuestro poeta, poniendo sus palabras en boca de un abuelo, que la riqueza puede traer, además de bienes, males. Y, en efecto, así ha sucedido en los últimos años. Las mafias, grupos armados extorsionadores, han olido la presa fácil del dinero y han ido a por él. Otra vez el robo, el miedo, la angustia, la amenaza de muerte, los asesinatos por «no colaborar» pagando los impuestos («tanzit») para «proteger» su huerta o su pequeño negocio. De nuevo a encerrarse y sufrir el destrozo de la familia, las viudedades y las orfandades, como canta nuestro poeta en sus versos, sintiéndose solos y abandonados hasta de Dios.

El ser humano precisa de la armonía para su desarrollo: armonía con la naturaleza, armonía con sus pares, armonía con las creencias heredadas y las construidas, armonía con sus sentimientos… Y precisa de ese amor que genera seguridad, afecto, confianza, superación…, que funciona de manera expansiva y lo convierte todo en algo bueno.

Pero cuando la violencia toma protagonismo en un entorno, la armonía y el amor desaparecen. Y su lugar pasa a ser ocupado por el miedo, la rabia, el sentimiento de humillación, la pena honda, el deseo de venganza, esto es, más violencia. Esto significa el fin del amor y la armonía. Es decir, lo convierte todo en algo malo, porque también funciona de manera expansiva. La vida pierde sentido.

Con esta obra, Alejandro lanza un grito desgarrado. En ella sus más profundas emociones fluyen en torrente, libres de pudor y dando voz, quizás sin buscarlo, a un sentir colectivo. Porque el miedo ha hecho presa de toda la población e invade todos los espacios. Los lugares seguros y sagrados ya no lo son. El hogar no te mantiene a salvo; la prudencia, la contención o la libertad de ser o expresarse han dejado de ser garantía de seguridad. ¿Cómo vivir con el miedo? ¿Es posible? ¿Hasta cuándo? ¿Y cuáles serán las consecuencias? Estas preguntas se encuentran implícitas en los versos de nuestro poeta. Las respuestas hay que buscarlas.

Importa, sí. Importa que haya voces cuestionando. Que haya inquietud de pensamiento y que se reflexione sobre las vivencias, sobre los actos y sus consecuencias. La aceptación del miedo, en aras de evitar un mal mayor, puede conducir a la esclavitud definitiva. Porque la banalización de los efectos de la violencia puede llevarnos a aceptarla como normal. El riesgo está ahí. Y este autor lo ha percibido y también lo plasma en su obra: «Y en un instante se me pasa lo que siento, me armo un cigarro y listo».

Los versos de Alejandro nos permiten acercarnos a los sentimientos de las víctimas, a la pérdida que supone para individuos y sociedad la esclavitud de la violencia. Y también ponen de manifiesto la responsabilidad que implica la inacción respecto a la generación venidera. Nuestros hijos tienen derechos que no les podemos negar.

Con su catarsis, reflexiva y emocional, el autor cumple con el cometido de alertar, como primera obligación de la obra de arte. Y lo hace con valentía, sin temor al desnudo y, a la vez, nos concede una lectura impactante, dura a veces, pero generosa.

Tancítaro, el pueblo, todo el municipio, sus gentes, siempre han encontrado el método para salir adelante, para hacer frente a las desgracias históricas. Ante la oscuridad siempre surge la luz, ante la muerte siempre hay resurrección. Esa es la esperanza que el poeta clama y que toda la sociedad michoacana y mexicana espera: una vida laboriosa, en paz y armonía, libre de tantos miedos, temores y angustias causantes de tantos insomnios.

Luis Pantoja Vargas
Doctor catedrático emérito de la Universidad
de Deusto, Bilbao, España

Si tú me preguntas,
qué fue lo que pasó,
no sé qué contestar.
Me lo pregunto cada noche cuando intento
cerrar mis ojos para dormir.

Es tan simple,
el mismo infierno aquí,
no había punto de comparación.

Fue todo tan repentino,
claro, hacía años se venía gestando,
pero la inmensa mayoría no lo sabíamos.

Los vi llegar ese sábado a mediodía,
llevando sus primeras víctimas, por cierto,
una jamás regresó.

Apareció un miedo general,
una película para algunos,
de la cual éramos actores,
más bien víctimas.

Un pueblo olvidado,
escondido al pie de la montaña,
algo nos delató, alguien nos entregó.

A partir de ahí,
nada volvió a ser igual,
jamás volví a escuchar las risas de mi amigo,
mucho menos sentir sus abrazos,
¿dónde quedaron?
No lo sé, ese es otro dolor aparte,
no saber dónde quedaron,
si fueron sepultados
o tirados.

Parecía la maldad humana en todo su esplendor,
una pesadilla sin fin;
llegaba la tarde y el pánico temblaba en mi puerta,
me sentía solo completamente,
sin nada, ni nadie me protegiera.

Noches completas sin dormir,
cualquier ruido aceleraba mi corazón,
creía ser la próxima víctima,
ni Dios parecía ser mi consuelo,
lo experimentaba tan lejano…

Algo así como
solo yo y nadie más,
soy esta miseria,
soy este miedo,

soy esta agonía.
Deseaba dormir y abrir mis ojos,
que todo fuera un sueño,
pero no, era real,
real como respirar,
como intentar amar,
amar en el mismo infierno.

Fueron hombres de cada raza,
quizá el excluido de cada familia,
con sueños por delante, con frases frustradas,
entretejidos por un sinfín de locuras,
hambrientos de ser,
de notarse y ser vistos
y nombrados en algún momento
de la historia.

Vasijas de caña repletas de agua,
desparramándose en el caminar,
tras pasos borrados por huellas bestiales,
guarache sin suela,
botas de dominguear convertidas en normales,
sin sorpresas y finuras.
Atuendos brillando al amanecer,
cada cual en el lugar incómodo
y, por si acaso,
un revólver en la espalda.

Lobos aullando en cada lugar,
esquinas, iglesias, dependencias,
jacales de adobe abandonados,
roperos sin espejo, recuerdos crudos,
dormidos bajo la cama de piedra,

escuelas olvidadas, grises, árboles secos
y aulas virtuales impregnadas de pornografía.

Aullidos tiernos,
cabalgando desde el centro histórico
hasta la mano del metate,
pesada, tomada por cada bus que transita
en el lomo de cualquier ciudad,
alucinando el progreso que no llega
y causa los aullidos,
cada vez más fuertes y seguros
para dejar la cueva.

En cada color la fuerza es diferente,
voces delgadas que crujen
y quiebran el sentido común
de la mayoría,
que duerme descobijada
por el calor,
sin ropa ni malicia
por los desapegos de armonía
que se cruzan en el vientre inflamado
de dolor,
de miedo,
de placer.

Solo recuerdo que entraron
casi tumbando la puerta de mi cuarto:
yo, en trusas y sin playera,
con mi esposa semidesnuda recostada
sobre mi pecho,
donde dormía tranquilamente.

Escuché varias voces,
había uno que daba órdenes:
«Levántenlo al hijo de la chingada y vámonos»
—ese era yo—.
De inmediato me incorporé,
traté de abrir mis ojos
y volteé en cada dirección, sin mirar nada.
Mi esposa me gritaba asustada, llorando.

Solo vi una lámpara que encandilaba la vista.
Me agaché para tomar mi pantalón,
pero al instante sentí una mano sobre mi cabello
que me levantó como muñeco de trapo
y una voz gruesa y golpeadora:

«Así, encueradito, nos vamos, cabrón.
Ya te cargo la verga»,
y a empujones me sacaron del cuarto.

¿Qué podía hacer? Nada,
ni tiempo ni ganas de hablar tenía.
Mi esposa insistía, gritando que me soltaran,
pero de nada sirvió.
Solo veía sombras cuando la linterna
al son del sujeto se movía,
también armas largas
y encapuchados cobardes.

El peor miedo de mi vida
y mi único compañero, segundos eternos,
mi casa quedaba deshecha,
como el alma de mi flaquita y mis niños;

yo, perdido, torturado,
deshecho en un tambo,
jamás volvieron a saber de mí.

Nos hemos quedado vacíos nuevamente,
tomados por sorpresa,
la muerte una vez más,
parecía tranquilo el ahora.

Las aguas se estremecieron días antes,
pero en calma estaban ya, arropadas;
los rayos del sol
y la esperanza los hacían regresar
a las filas de la vida,
para seguir bailando a su ritmo.

Preguntas abundan aquí, allá,
respuestas, muy pocas;
quizá ninguna calma la desolación
entrada en casa sin permiso.

Sus labios, secos;
sus ojos, peor,
lloraron lluvias ese día,
crecientes que recorren las calles de mi pueblo,
arrasando lo que a su paso encuentran,
caminando y dejándose llevar
por vientres que revolotean de rabia.

Hubiera preferido que se quedara ahí dentro,
a salir y ser arrebatado
de esa forma tan cobarde.

Claman su venganza a los cuatro vientos,
parece no hay quien esté de su lado y las escuche,
menos justicia les dé.
El anciano perece por tanto llorar.
Demacrado, se pregunta:
«¿Por qué él, si era tan joven y lo amaba tanto?».

Ya no lo verá crecer, ni madurar.

Lo vio marchitarse.

Lloras, lloras como un niño pequeño,
a chorros sin control,
rasgas tu cielo, enloqueces de dolor,
solo faltan los truenos
para que grites por completo
y desahogues tu rabia, que te asfixia lentamente.

La maldad nos cobija,
presos somos,
no podemos salir de su espesura,
sentirnos libres.

El dolor resucita cada instante;
la esperanza junto a nuestras alas
fueron cortadas,
aniquiladas.

Se había enmudecido,
dijeron ellos.
Nadie supo el porqué
de la visita de hombres armados;
ya nada se pudo hacer,
nada.

Más tarde regresaron
montados en sus fantasías:
unos gritaban por gritar,
otros acudieron con un féretro descolorido,
guardado bajo el sol
por días enteros.

El ataúd guardaba sonrisas,
falsas como el velorio,
revueltas entre tristezas,
como niño berrinchudo,
sediento,
nacido la mañana anterior
cuando el gallo cantaba.

No se puede soportar
una caricia más,
porque el luto que lleva el alma
da para más que un simple regalo.
Otra caricia sería gula,
habiendo tanto indigente
en la calle
a quien se le puede dar.

Mejor sentarte al anochecer
y mojar un pedazo de pan
dentro de una taza de barro
llena de nostalgias,
con un chocolate espumoso.
Mejor así,
mejor eso,
eso que llega a tu lengua
y endulza poco a poco
hasta el alma.

Sin importar nada,
solo poniendo atención
cuando el perro ladre,
cuidar
que cuando se te arrime,
no te vaya a tomar

un pedazo de pantorrilla,
y después
tengan que vacunarte
para la rabia,
rabia del alma.

No se puede,
no,
ni mirar atrás
ni siquiera dudar en pleno sueño,
porque del sueño
nacen las proezas de la vida,
solo habrá que ponerle un poco de sabor.

Nunca imaginas
de dónde llegará el remordimiento.
Sales a la calle, caminas acelerado.
Después te das cuenta
de que ya nada te puede detener,
y el corazón a mil por hora
que no quiere detenerse;
ya después de un rato se detiene
para siempre.

Vamos, Rubén, tu madre te espera en la montaña,
lleva noches sin dormir,
la angustia la está matando,
se sienta en la silla que te vio crecer
desde que la abandonaste para irte de sicario.
Ella no es la misma,
le has cambiado la vida,
nada la motiva, solo pensar en tu regreso.
Ella desde entonces se pierde en el tiempo,
peina su cabello casi blanco.

¿Y tú, Rubén, dónde demonios estás?
¿Por qué no vuelves para atrás?
Deja las armas y regresa a la montaña
donde naciste.
Esa guerra no es tu guerra, Rubén,
aunque tú me digas lo contrario
y me des mil argumentos.
¿Quién te dijo que ese era tu lugar?
¿Por qué no seguiste el ejemplo de tu padre?
Los pinos, las sierras, la madera,
el camión, el carbón y el aserradero,
¿por qué no esto y sí las armas?
¿Por qué no conformarte con lo poco que ya tenías?
Dime,
¿acaso querías humillar a quien lo hizo contigo?

¿Cuánto tiempo durarás?
No lo sé.
¿Qué será después de tu madre?
¿Cuántos días, años, seguirá pasando ella,
sentada en esa silla, con la esperanza muerta
de algún día verte regresar?
¿Por qué tanto ruego y súplica
sin respuesta alguna?

Sus plegarias se perdieron arrasadas
por el viento de la montaña.
Ahora ven a su lado, Rubén,
aunque solo sea un momento,
da un poco de consuelo
a quien te vio nacer
y amamantó.

Ahora tú, mírala morir,
llórala, pídele perdón,
sepúltala en la montaña.
Despierta ya,
arrepiéntete,
tritura tu rencor.
Anda, Rubén, no tardes,
porque ahora sí.
¿Quién llorará por ti?

¿Quién rezará por ti? ¿Tu mujer, tus hijos?
Solo Dios sabrá.
Regresa, Rubén, la montaña te sigue esperando,
el viento llora,
el trabajo, los pinos, el canto de los grillos,
algunos de los tuyos siguen ahí,
implorando tu regreso
como el que eras ayer,
callado y trabajador,
amigo del viento y la montaña,
una sola pieza,
y un solo corazón con los tuyos.
Anda, Rubén, regresa…
la montaña espera tu retorno.

No paraba de llorar.
Se estremecía tanto
que pensé fuera a desaparecer.
Los pañuelos empapados en sal
abundaban en cada rincón;
los ojos ahogados, perdidos,
enfurecían al no poder cerrar
el deseo que venía del alma.

Los cuerpos sepultados y expuestos,
irreconocibles, putrefactos,
envueltos en plásticos oscuros,
guardaban sensaciones y huellas
en cada centímetro.

Era bueno haberlos encontrado,
peor siguieran perdidos y tener siempre
un nudo en la garganta y la mente
divagando en cada rincón. Mejor así.

Solo la miraba de reojo,
deshecha, ni siquiera pude abrazarla,
mis nietos huérfanos,
mi hija viuda,

la vida lenta, pesada,
como el sol de mediodía
que nos abriga.

La lluvia sigue cayendo, ahoga cada calle,
agua roja, parece sangre,
sangre que salió de sus cuerpos
al ser atravesados por odio,
venganza, inhumanidad
en forma de bala.

Bala que traspasa nuestro corazón,
mi familia,
tu familia,
su familia.

Ahora soy
huérfano,
es huérfano,
eres huérfano.

Sus viudas siguen llorando,
a sus madres les extirparon el corazón.
Hoy está incompleto,
igual que mi sociedad.

Sus sueños fueron rajados,
tajantemente,
por ellos,

por aquellos,
por nosotros.

¿Hoy qué nos queda?

Sigue lloviendo aún,
la sangre continúa abriendo camino
en medio del todo;
aunque se torne hoy
un poco más espesa,
parece querer detenerse.

No sabe a dónde ir,
está agotada de correr sin rumbo.

Regresa a tu cuerpo,
anda, dale vida nuevamente,
sana sus heridas,
consuela su viuda,
su huérfano,
su madre.

Devuelve vida a mi sociedad.
Recuerda:
eres parte de ella,

transmuta nuevamente.
Eres cada uno.

Padre,
¿dónde estás ahora?
No entiendo, todo fue tan inesperado
que parece un sueño.
Era un día como cualquiera.
Saliste de casa temprano a trabajar,
como acostumbras, dice mamá.

Pasaron las horas,
nunca regresaste, se escucharon rumores,
comenzaron las corazonadas.

Después llegó la verdad, lo terrible.
Tú, en medio del fuego,
tirado, sin vida.

Yo, huérfano a mis quince años,
tragando dolor, rabia e impotencia,
sin poder entender
ni describir
qué sucedía.

Nuestros cuerpos locos corrían
de un extremo a otro,
sin entender.

Un velorio en mi casa,
un cuerpo desbaratado
entre flores, llantos,
gritos, temores, risas
y hasta carcajadas perdiéndose
en medio de la noche.

¿Y después qué?
Lo inimaginable,
tu regreso a la tierra, a ese hoyo oscuro
para cubrirte con cientos de paladas,
una cruz y tus coronas.
¿Y ahora qué?
Nada, ya nada.

Yo, huérfano,
mi madre, viuda.

Un dolor inseparable y profundo,
como las balas que lo atravesaron.

Me dejó sin hijos el amanecer.
«Solo ustedes faltan»,
les dijeron.
Ellos no querían,
¿quién iba a querer?

Ingratos, me dejaron sin hijos.
Mis perros ladraron sin parar;
de nada sirvió, los arrastraron
entre carcajadas;
yo ladré, mordí su rabia,
pero un culatazo me cegó.
Hoy hace seis meses, y nada.
Mis tripas se retuercen
y Dios ni siquiera me mira.

Primero él,
después ellos,
quizá uno
era suficiente.

Me dejó sin hijos el amanecer,
malditos, malditos ustedes
y su descendencia,
que el cielo se abra
y los parta en dos,

que las aves de rapiña
los destrocen y traguen
sin compasión.

Hoy, perdida en llanto
y esperanza nula,
entre rendijas y suspiros,
mi cuerpo se esfuma
al anochecer.

Manos intensas, sudorosas,
cavilando al amanecer,
tras el suspiro de una delgada línea,
lleno de intriga al mirar nacer un insecto,
ese que va y cruza los estímulos
y después requiere un sostén
al momento de su martirio.

Una avenida se transforma cada hora,
un torpe correcaminos brinca,
destapa el umbral,
una mano sujeta un gatillo a plena mañana,
surge un respiro,
nadie imagina ser presa,
se cuelga y canta, alguna va
con un paso divino.

Un sueño atrapado en un mínimo descuido,
no intuye que su mano es sintonía;
una barba crece, formando creciente
entre piedras y troncos
que guardan su dignidad.

Un vestido rosa en su ropero,
una cicatriz adorna su oreja,
columpiándose en cada vocal
negra, larga, estirada,
sin ningún precedente.
Antes callaba, alguna vez mira,
sacude sus pechos, rompe
el hechizo amontonado con su plática,
porque solo así se para derechita,
al cubrirse en él.

Se marchita como nuez quebrada.
Después, es un poco torpe,
al revisar la billetera y encontrar nada,
ni un solo peso,
solo dedos gordos
que fumigan ese virus amarillo.

Un mes corre tras la sombra,
un expirado en el almacén,
viste rosa, transmite pasión
y lo acompaña un séquito de moscos.

Se desviven los polis por cubrir
el cuerpo agujerado, repleto de bolsas
de amapola y bañado en aceite de olivo.

Da una impresión rara, los ojos cansados
mejor miran la noche caminar,
el vestido rosa cubierto,
una bolsa de regalo, negra, mojada,
cubre las rodillas,
alguien la rasgó y quemó las huellas.

Zapatillas sin tacón,
brazos depilados guardan un insecto
de alas aterciopeladas. El engaño fue simple:
sola subió a la troca
y consciente se desnudó.

Ninguna piel resiste una bala,
son duras y tartamudean,
se dejan llevar por un golpecillo
que las convierte
en trueno, y ese trueno despedaza.

La piel es dura,
se muerde y los dientes resienten;
un delirio a medianoche es más fácil
de sobrellevar que la misma sentencia de muerte
de alguien extendiendo su dedo
para marcar
con tanta fuerza,
como terminando de ampararse un viernes
después del viacrucis.

Son torneadas sus piernas, de color mulato,
cintura ahogada, perdida entre la frontera
de la espalda y el comienzo de las nalgas,
es tan delicada que prende fuego.
Una misma bala de cualquier revólver
se detiene un instante, admira
y lame antes de atravesarla.
Después verá caer el color mulato, disuelto
como chocolate, servido en la bacinilla

de su tatarabuela de ojos verdes y tez blanca
aterciopelada.

Piel y bala van de la mano:
una secuestrada, otra calcinada;
juntas, un vergel de emociones,
pernoctando en cualquier madriguera,
para atormentar al mendigo que llega
con la noche a cuestas,
descargando una y poseyendo otra.

Son órdenes de arriba,
y aunque parezcan pendejadas,
su mente hierve la sangre,
y el pecho se alborota y calienta.

Ve y tráelo, donde esté,
con quien esté, no me importa,
aquí lo necesito.

Salgo con seis hombres,
armados de pies a cabeza,
en la Ram blanca,
recién lavada,
para que nos miren, se agachen
y nadie se oponga.

Son como pollitos, ni pío dicen,
hasta encuerados los traemos:
unos gritan, otros lloran, pero pocos
se ponen pendejos,
todos se aculan.

En ratos siento gacho,
cuando no los regresamos,
o los embolsamos, de menos
para que los sepulten;
otros no miran esa suerte,
los desaparecemos.

Y en un instante se me pasa lo que siento,
me armo un cigarro y listo.

Después de salir no se encontraron,
jamás.
Pasaron días, la ausencia
era más notoria cada vez.
Los fríos habían llegado y las serpientes
se escondían en sus cuevas,
aunque estas ya estaban ocupadas.

Mañana de hombres ansiosos,
entre ineptitudes y desidias
pasando como cualquier instante.

Recorrer el río entre barrancos y charcos
con la vista perdida en cada movimiento
suscitado,
por no dejar esa valentía tonta y mejor poner
el sombrero del abuelo
con un poco de cobardía.

Los puños estaban atorados entre sí,
los mecates fracturaban los huesos
junto a las espaldas recostadas
entre piedras labradas por indígenas hace siglos,
ahí donde había sido su morada
y sus hijos jugaban clavándose todo el año
en la gran pila.

Los silencios y los gritos tan inoportunos
recorrían el espacio.
Latas de comida formaban pequeños cerros.
Dentro de su corazón,
cobijas tiesas, mal olientes,
cubrían los cuerpos
desnudos y tasajeados.

Solo fue suerte de niño
encontrar al padre de la desconocida
en una cueva dentro de la misma cueva,
como cecina, seco,
mirando al centro de la tierra,
bajando y escurriendo, con sus mejores ropas,
para ser encontrado y mirarse guapo, elegante,
como siempre.
No perdió glamour,
solo le apagaron sus ojos.

Temblaron los horizontes.
Agonizantes, yacían por cada lugar.
No se podía más, las palas no alcanzarían
para hacer huecos en la pobre tierra.
Entonces, que se los traguen los zopilotes
o los hagan picadillo
para en tambos desaparecerlos.

Escenas inmemorables, casquillos en cada dirección,
cuernos, erres, calibres cincuenta y lanzagranadas
pulverizaron el espacio;
los trinos de las aves fueron atravesados y silenciados,
los enormes cuerpos envalentonados
quedaron reducidos a tripas regadas
y cabezas descuartizadas.
Un rastro era nada, comparado con ese encuentro.

Trocas carbonizadas enviando señales de humo,
cielo nublado, ratas escabulléndose entre plastas
de sangre cuajada,
lamentos de voces locas, ausentes,
mirando sin mirar, intentando atravesar
el pedazo de alma buena en cada ser,
por muy perdido y miserable que se muestre.

No eran turbantes los de su cabeza,
solo pensamientos absurdos
basados en el pendejismo del ser humano;
no se podía traspasar un cuerpo y dejarlo con vida,
era terminarlo, verlo desplomarse
y que su último suspiro fuera falso,
como su líder, para tocar el otro mundo.

Ajeno como todo lo robado, pero con suerte,
aunque fuera un instante,
porque si Dios lo tiene en su mano tal cual,
hay incertidumbre, mucho más de lo habitual,
tiene gran peso, se mueve como cilindro en su motor,
sin que nadie lo pare, solo su pedal.

Después ya nadie se granjeó un consuelo,
ni admiración. Ya no estaban los mismos,
ahora son otros más nuevos, más tontos
y aventados a la muerte,
porque ya al final de toda esa comedia
todos terminaban sin resuello.

Así se escribe cada página,
sin rodeos ni escrúpulos, en medio
de cada parte de la historia, consintiendo
el orgullo que se pavonea,

pero antes derrochando los cuadros olvidados
y arrancados de la pared de adobe,
para quedar atrapadas las imágenes en esas fotos
enmohecidas por la distancia de una edad y otra,
hasta quedar borrados los rostros
tristes de cada miembro de la familia.

Sería por no mentir como tu sonrisa
o por no despreciar pobreza
del claustro infantil,
o por conciliar el sueño tan fácilmente,
pero eran los tiempos que amenizaban nuestros días,
y había que topar con aceite y llave en mano.

Tan cabrón era el tiempo
que parecía tu hermano, no yo,
los ilustres de la familia, daban golpes
de cabeza contra sus ideas,
preguntas sin responder: cuál era el error,
de qué vientre habías nacido y cuál esperma maldito
te habría fecundado.

Días de amargura completa,
senos repletos a punto de reventar por no lactar,
sinfonías escuchadas a media mañana
con interrupciones de lombrices arrastrándose,
sin permiso, sin pensamiento puro,
todo tan impuro como el instante que apareciste
frente al auditorio, adornando la puerta,
con una sonrisa tan falsa y solemne
que los perros aullaban mientras golondrinas
te velaban.

Alguna vez te pregunté
por qué no bailamos un tango
—no sabemos, era obvio—.
Los dos, hombres, jamás podríamos,
preferimos andar lucidos, polveando nuestra nariz,
comprando siluetas de revólver para mirarnos
en un espejo y parecernos más a él.
Después, la pista la miré tan pequeña
que salí rodando entre mesas y botellas.

No volví a mirarte, aunque creí ver el sol
aparecer antes de lo normal.
Nada, una luciérnaga galopa frente a mí.
Fui ingenuo al preguntar por ti:
«¿Acaso yo soy su padre?»,
me dijo.

Los gatos se detuvieron al cruzar la calle,
miraban el bulto del joven risueño
que dormía frente al portón azul,
esperando el micro de las seis.
Lo veían tan tierno y sin malicia
que querían abrazarlo
y estrujarlo un poco.

Después, el sol volvió a mentir.
La encrucijada de tu partida hizo renacer
los abrazos de papá; las nueces tronaban
en la boca, entre dientes;
la carnita era poca;
los desvelos terminaron de mañana,
cuando a hombros caminamos al sur,
sin llanto, con pena,
entre miradas y con un ramo de lirios blancos
marchitos entre nube.

Sin despedidas de frente
y con un puño de tierra en la mano,
arrancamos despavoridos.
La historia se quería repetir.
Ya no la quisimos.
Mejor,
aquí corrió,
que aquí los levantaron.

Pobre de mi rancho,
ya no respira como hace meses,
agoniza bajo el cruel y desatado calor de mayo,
nadie transita sobre sus calles arenosas,
solo el polvo que se levanta
y cubre los ojos de los pocos valientes
que apostaron quedarse.

Las casas suenan huecas, huelen a dolor y miedo,
no es por ausencia de vidas,
sino por el terror que experimentan
cuando los encapuchados
entran derribando puertas, cuerpos,
truncan sueños
y destrozan familias completas.

En mi rancho se respira ese olor desagradable
a muerte, ausencia;
ya no huele a río, mucho menos a maíz,
ni se escuchan los bramidos de las vacas en la ladera,
ni hay miradas, ni saludos, ni risas;
solo lo nuevo, lo duro, lo difícil de entender,
eso que cala hasta los huesos
y roba el sueño completo de toda la familia,
ese miedo a pensar y decir:
«¿cuándo me toca a mí o alguno de los míos?».

Mi rancho huele a desgracia,
a soledad, a dolor del más puro que existe,
a ese odio que se engendra
cuando te matan o desaparecen a un ser querido,
a un amigo o vecino.

Así huele mi rancho,
solo a podredumbre.

Desde una infancia
de barrio, de salón y catecismo,
parecíamos almas limpias,
sin la malicia,
porque el juego era desde abrir los ojos
hasta que las estrellas nos cobijaran
en algún lugar fuera de nuestra morada.

Percepciones diferentes,
sobre todo, al lanzar piedras con resortera
e imaginar que el gorrión caería por arte de magia,
con su pecho rojo y sus ojos llorosos,
y que yo lo recogería
para sentirme halagado por los amigos
y grande, tan grande por la hazaña
de robar vida al nacido
en pleno marzo.

No cabía en la mente caminar
y caminar entre callejones y senderos,
con un estómago vacío,
lleno de fantasías que nutrían
de fuerza la mente inmadura, tan suave
que un sol y las descalabradas
curtían poco a poco,
hasta tener tantas cicatrices

en cuerpo y alma
como balas perdidas en la troca.

Un día después, aparece montado en un gran
motor,
destilando sudor de rabia,
frunciendo ceja para decidir al instante
cuál gorrioncillo herir.

No hay malicia, es normal,
los cielos pueden a cualquier hora rugir,
la sandalia rota consume lodo y carne,
mientras,
los escuincles corren tras lo más nuevo
en sus vidas,
un conejo cola blanca, algo más glorioso,
tanto
que pueden nutrirse y contar a nietos
el día que mataste
un conejo cola blanca.

El tío no llegó a dormir,
ya son varios días en la semana.
Mi abuelo no es tonto,
algo sospecha,
algo le dijeron,
se mira nervioso y somnoliento.

El tío compró troca nueva, bajita,
con rines cromados y una guadalupana al frente;
sus compas lo admiran, otros se retiraron,
se siente soñado, trae oro hasta en los dientes
y una pistola con cacha dorada y su nombre
incrustado.

Con una plegaria en mente
quiero abonar la huerta desmembrada
donde intentan descansar mil
o dos mil almas,
entre sonidos molestos de cuernos retorcidos
que no dejan soñar,
ni siquiera cuando inclino mi rodilla,
parece, ni Tú puedes calmar lo que un ejército sí.
Son pocos los vivos, pienso,
quizá nadie…

Esa sensación de vivir
desaparece.
Ni Tú ni el clavo que traigo en la mano
son ofrendas;
nada,
nadie vale.

Mejor acariciar la hembra en celo y ver sus ojos
destellar fuego entre sus dientes,
prefiero desperdiciar mi oro y pagar cuota
con tal de llevar la fiesta en paz.

Cerca de tu oído suspiro.
Recuerdo la noche clara, segura,
las charras entre compas,

la plaza abundante de pasos,
las estrellas y la cúpula rumiando tras nosotros,
nosotros,
tartamudeando al mirarnos heridos,
tan lejano uno del otro
conforme aumenta el insomnio.

Escasas tus caricias,
abundante la sangre y el asfixiar,
el cuerno de chivo,
el cuchillo y el ácido,
nuestro bendito pan
en cada día.

Dolor y dolor,
cuerpos embolsados, putrefactos
a cualquier minuto y terreno,
lluvia lavando deslices,
ellos,
sin poder,
solo cerrando sus ojos para imaginar
más y mucho más.

Yo solo anhelo tu cercanía,
no para estar en paz,
para sobrevivir a ese cáliz

y no beberlo de un trago, más bien,
de poco en poco,
como cuando recibo mi cuerpo,
sin respiro
y con mis ojos cerrados.

Desde aquí nadie puede decir lo contrario,
se mutilaban en el sueño
antes que el lobo tocara la puerta y penetrara.
Los ultimatos estaban a la orden del día,
y es que había tanto de todo
que despertar, abrir los ojos y mirarte en tu cama
era el gran milagro,

mas no todos corrían la misma suerte,
la suerte de algunos tendría que ser
desdicha para otros;
se dice que los jueves al amanecer
varias trocas rondaban las calles,
y ahí donde paraban
tenían a quien levantar,
alguno regresaba.

Me olvidé de vivir el momento.
Los gallos no cantaban al amanecer,
los perros solo gemían al ver sombras,
vivimos otro mundo,
intentamos volar sobre nubes,
perdidos en la montaña,
dejar de respirar y mirar cualquier anomalía,
y si mirábamos,

mejor morir
y nunca haber visto nada.

Días, silencio,
ruedas desgastadas,
zombis al acecho,
cargador lleno,
luto, olvido,
desmembrados,
tiros con gracia,
sueño,
dinero, golondrina,
lágrima tragada,
ataúd enmohecido,
órdenes,
bala perdida,
ácido,
amigos, tierras,
cuotas,
milagro,
víctimas, plegarias,
amargura, vacío,
viudas y huérfano.

Todo comienza cuando los polluelos se alejan
y comienzan su travesía a la buena de Dios,
no por nada lo que escribo está falto
de credibilidad,
pero más bien es tan simple todo en la vida
que cuando masticamos un chicle,
el sabor desaparece cuando menos lo piensas,
pero ya estás con tu maquinita mastica y mastica,
por el puro placer de hacerlo.
De nada y para nada sirven esos halagos
de infancia,
si cuando la mente se despierta,
ya estás metido hasta el cuello en vaivenes
y cada paso que asimilas, a veces es tan tenue
que el primer pasón del viento desaparece;
tiene que ser más marcado, más pesada la pisada,
quizá como el mismo momento que estás hilando.
No puedes transgredir esos talentos
que fluyen de cabo a rabo,
porque simplemente son tu esencia,
son tú.

Se puso de moda la hazaña,
el qué dirán de mí
si no tomo un madero en forma puntiaguda
y lo rompo en la espalda de un elefante
sin cuernos de marfil,
y por eso fui al monte, pasé la barranca,
corté los caminos con mi machete
para llegar temprano,
miré el pinabete que está donde empieza un claro;
tenía tantas ramas e hijos
que parecía un enjambre ordenado,
pero con un ruido diferente,
este ruido olía a fresco
y el mismo viento lo apapachaba
hasta adormecerlo. Entonces
llegué yo con mi fuerza,
declaré la ineptitud de las estaciones
por ser tan simples y sumisas,
por anhelar llegar alternadas
como el frío en mayo.

Mejor seguí mi paso
para no perderlo y andar a oscuras
abriendo caminos.
¿Para qué,
si ya están trazados?

Sería como abrir otra vena
a la montaña.
¿Para qué,
si ya tiene suficientes?
Así que me incliné delante del gran árbol,
el sagrado,
al que se necesitan cien hombres para abarcarlo
y ha visto pasar la historia
desde hace miles de años.
Pedí permiso para tomar una rama cualquiera
de un árbol cualquiera para formar un bordón
y poder sostenerme en mi lejana vejez.

Mi gran hazaña estaba cumplida.
Ahora, a tomar el sendero que me lleva
entre luciérnagas
y el cantar del coyote
a mi nueva morada.

Tuve miedo
y nadie pudo sostener el cigarro en su boca.
Los terremotos que transitaban desde el amanecer
se fundieron una madrugada
en el centro de un volcán.
Pereció correteando sus mismos pasos,
se fue de espalda, caminando,
así cualquiera pensaría que se perdió un momento.

Su miedo permanece enclaustrado,
los R-15 siguen colgados junto a las caricias,
son tan pobres sus palabras
que al abrir los ojos,
truenan las balas en automático
y descrestan el gallo fino y puro,
enjaulado,
junto a los cuerpos florecidos,
putrefactos, enrollados en pedazos
de manta blanca traída del extranjero.
El miedo enaltece cada músculo,
resalta una vena señalada con pequeños orificios
que reciben el elixir de la valentía
para poder tomar el R-15
y pegarla contra el pecho,
así ni el esmog de la tarde intervendrá en su mira
y así detonará su dedo encandilado

el gatillo que esté al frente
las mil veces que este aparezca.

El miedo se escondió ayer.
Pocas veces me pasa, pero fue una.
Mi crucifijo oscilaba levemente,
una y otra vez, no era que estaba vivo;
más bien pensé que tuviera miedo
cuando una bala contraria
tronara en su rostro.
Era un instante tan solemne
que santigüé mi rostro esperando
que la bala fuera tan certera como la varaña
que curtía mi trasero.

Fue un miedo en la cabeza,
y era tremendo,
porque me dejaba ciego en instantes.
Los portales abiertos se dejaban venir a mí
y por alguna extraña razón
la culpa torturaba mi instinto,
y aunque trepaba en las azoteas bajas,
ya para brincar caminaba
y envuelado caía sobre la cajuela
donde iría de menos a más.

El miedo se perdió,
desperté con pesadilla y ya no estaba,
se había ido,
pensé que la pesadilla lo llevó
al frente del enemigo
y ahí lo dejó,
perdido sin saber a dónde correr.
Yo me quedé vacío, sin saber qué hacer.
El miedo no estaba, ¿quién me movería?

No vacilaban un instante,
eran pordioseros, en segundos
ya eran jefes sin título,
solo con la pesadilla que su progenitor
de hoy en adelante calcinaría los días
contados antes de cobijarse un ataúd.

No más hambre,
ni más cabezas agachadas. Era tiempo
de levantar el pecho y clavar la daga en la presa,
cualquiera podía ser,
cualquiera.

De bajo o alto perfil, con baúles llenos
o bolsas vacías,
parece que al fin todo era igual.
El placer de desmembrarlos
o dar el tiro de gracia era el mismo,
solo que algunos podían dar plata,
y otros, lástima.

La juventud quedaba al borde del barranco,
estrangulada con sus sueños.
A partir de hoy alucinaban,
tiraban su poca libertad y tocaban el fondo
de la tiranía, del miedo.

Montarían su cuerpo de armas
hasta ver desaparecer la oscuridad
al lado de los murciélagos.

Las veredas, sus mejores aliadas.
Cada una intentaría apadrinar esa mirada nueva
al borde de la troca.
Estas recordarían al que jamás
volvió a pasar,
aquel bigotón requemado, al de la gorra roja
y camisa azul cuadrada,
al de cuerpo flacucho
pero que reía con más agallas
que su propio jefe,
al de barba cerrada y ojos rojos como braza,
y más al chimuelo y viejo,
que inyectaba rabia a cada nuevo injerto.

Todos van para donde mismo,
a tiznar su madre y la de otros,
unos primero,
otros poquito después,
pero ninguno se salva.
Puede que solo
cambien algún día de vereda.

Con bordones y señales
cayeron despojados por los limosneros,
unos que nacieron en cuanto la madre gritó
por debajo del puente,
donde los parásitos hace siglos existen.
Locos desde entonces, gritaban peladeces
a cualquiera que pasaba,
sin temor ni respeto por nadie.
Eran vicios, tirados, amedrentados al por mayor,
al saber de los ancianos, que lloraban
tras de la milpa seca,
como ponzoña de tarántula,
recorriendo la nube,
buscando un descanso para desaparecer.

Entre tiras de madera seca, bien curada,
rebotaban los dolores de cabeza, la cintura
bien ceñida, cruzaba una calle tras otra,
desfigurada, para pasar desapercibida
entre los potros salvajes y en celo.
No se puede más ni de otra forma,
solo así, tras los enemigos ajenos
y ya propios cuando naciste.

Camino desde anoche sin descanso,
solo me detuve dos ocasiones
para tomar un suspiro,
y es que,
después de estar tanto día amarrado
como perro a un árbol,
sin esperanza de nada,
ahora que corro
me siento tan libre y liviano
que no me canso,
puedo correr ocho días más
y no pasa nada.

Pienso en el que me cuidaba,
se durmió y me escapé.
Pobre ingrato…
quizá ya lo masticaron los perros,
o ya lo enterraron vivo,
y es que son tantas las maneras
que tienen de matar,
que ya no sé qué pensar.

Importa que ya vengo, perdido,
pero a algún lugar he de llegar,
ni modo que no,
sería mucha mi mala suerte.

Bueno, quién sabe,
con eso que no he mirado una lucecita
en toda la noche,
solo la lunita me acompaña,
y el montón de animalitos del monte
que toda la noche cantan
como olas de mar sin descansar.

Ya mero amanece, eso creo.
Tengo mucho miedo,
porque es más fácil para ellos encontrarme,
pero espero en Dios no suceda.

Ya escuché cantar un gallo a lo lejos
y siento que el alma me volvió al cuerpo.

Mis amigos se perdieron
como piedras que arrastra el río con la tormenta,
caminaron sin consentimiento propio,
sin pensar si volverían al lado de su familia.
Todos fueron llevados a la fuerza,
a punta de pistola,
por hombres que escondían sus miedos,
sus vergüenzas,
hombres con rostros cubiertos
a cualquier hora del día.

Mis amigos fueron martirizados vivos
en cuerpo y alma,
pararon sus corazones lentamente,
como el poco deseo de morir
que anidaba en sus mentes.
Algunos se perdieron más en sus pensamientos,
las preguntas pululaban sin parar.
Pensar que no había escapatoria debió ser terrible.
Pensar en la mujer, los hijos, los padres
era suficiente para no consentir que los tocaran.

Mis amigos partieron sin dejar huella alguna,
volvieron los cuerpos de quienes tuvieron
mucha suerte.
Muchos, muchos amigos no volvieron,

ni siquiera supimos dónde quedaron sus cuerpos
para encender una vela y rezar un padrenuestro
al sepultarlo, aunque por rezos y plegarias
no sufrió el alma de ninguno.

Mis amigos y familias depositaron su esperanza
en Dios, pero este se olvidó de ellos por completo.
No respondió, parece que sigue sin responder.
Hay quien comenta que todo fue un castigo de Dios,
y a un hombre sabio le escuché alguna vez decir
que tanta riqueza nos traería sufrimiento.

Mis amigos perdidos han cansado tanto a mi pueblo
que preferimos cubrir todo en el baúl del olvido:
aquí nada pasa, todo quedó atrás,
solo importa seguir caminando.

Tu padre y yo te engendramos,
yo te parí y te amamanté,
tu padre y yo te vimos caminar,
te vimos desaparecer
y nunca regresar.

Escuchamos que te vieron
con el rostro cubierto
y un arma
apagando estrellas.

Recuerda que nosotros
siempre
te bendeciremos,
hijo mío.

Estas hojas llenas de sangre, dolor y lágrimas ayudan a entender la fuerza que tuvo el pueblo de Tancítaro, Michoacán, para alcanzar la paz.

Son poemas que reflejan la realidad de los desaparecidos y asesinados en el periodo 2006-2013. Es el viacrucis que vivió este pueblo aguacatero y que hizo posible tener hoy una comunidad resucitada que disfruta de su paz.

Son palabras que llevan a conocer el corazón de este pueblo que vivió atrapado entre las camionetas de hombres armados e historias de terror contadas en secreto para no morir. La paz que hoy vive el pueblo de Tancítaro, en medio de un Michoacán violento, no se entiende sin el dolor de tantas muertes.

De las heridas de tantas familias que vieron perder a sus esposos, hijos o hijas, surgió la fuerza para, un 16 de noviembre, decir: «¡Ya basta! ¡No más asesinatos ni desaparecidos! Es tiempo de unirse y desvelarse para recuperar la paz».

Son historias que te conectan con el dolor de un país entero que ve aumentar el número de sus hijos desaparecidos, y una juventud deslumbrada por el poder que entrega al hermano por veinte monedas. Son poemas que se convierten en un llamado a construir la paz.

Jorge Atilano González Candia
Director ejecutivo del Diálogo Nacional por la Paz

Sobre el autor

Alejandro Medina Guerrero (Tancítaro, Michoacán, México, 1978) es el autor del presente poemario, en el que transita desde lo más profundo de sus sentimientos de dolor y rabia hasta el sufrimiento de las gentes de la sociedad que lo rodea.

Su interés por la escritura viene de atrás, en concreto desde su internado en el seminario de los M. S. F. con apenas trece años. La poesía ha sido su principal vehículo de expresión literaria y algunas de sus obras ya han sido publicadas, como sus poemas incluidos en el libro A pecho descubierto, editado por la Escuela de Escritores de Madrid, centro en el que ha participado en diversos cursos formativos, como «Redacción periodística», «Creación de personajes», «Escribimos sin parar», «Desbloquea tu escritura» e «Iniciación a la poesía». Ha sido invitado a colaborar en la revista española Los Ojos de la Tierra.

Inquieto y preocupado por el mundo que lo rodea, comparte la llamada de la literatura con el trabajo diario en un pequeño taller de imprenta ubicado en su pueblo natal y disfruta de la naturaleza y lo que esta le ofrece con actividades en el campo, donde cultiva, entre otras plantas, el café.

Hace unos pocos años, junto con sus paisanos, sufrió los duros y violentos ataques de los cárteles de la droga, que segaron muchas vidas de agricultores de aguacate y pobladores del municipio tancitarense, lo cual lo volvió especialmente sensible a la violencia y al sufrimiento del ser humano, que refleja con toda crudeza en sus poemas, en los que deja ver también, al mismo tiempo, su anhelo por una convivencia en paz y empática entre las gentes de su pueblo y de México en general.